W0184573

Ziegel-
haufen
Mühl-Grund
S T R O M
Donau-Ufer-Bahn
Donau
Ufer Bhf.
Lagerhaus d. Stadt Wien
Ausstellungs
Platz
Trabrenn-
Bahn
Rotunde
Krieau
Rondeau
Freudenau
Jesuiten-
Wiese
Unterer Prater

GERHARD KLETTER & LEOPOLDINE LENDARIC

DAS GÄNSEHÄUFEL

SCHÜTZET DIESE INSEL
WIE EIN LEBENSHEILIGTUM,
DAS LEBENSENERGIE ZUBRINGT
DEM LEIB DES ARMEN STÄDTERS!

PETER ALTENBERG

Gerhard Kletter
Leopoldine Lendarić

Das Gänsehäufel

Ibera

Coverbild: Diese schöne Postkarte – eine Photographie nach einem gemalten Bild – aus den 20er Jahren des 20. Jahrhunderts, die als Ansicht vom Gänsehäufel verkauft und auch verschickt wurde, hat den Autoren Probleme bereitet. Der Strand ist sicherlich an der Donau, ziemlich sicher auch am Gänsehäufel. Allerdings passen die Berge im Hintergrund nicht. Außer der Photograph hat die Ansicht spiegelverkehrt kopiert. Dann handelt es sich um den Weststrand des Gänsehäufels mit Kahlen- und Leopoldsberg im Hintergrund. Es kann sich auch um eine geschönte Ansicht durch den Maler handeln. Denn zur damaligen Zeit wurden gemalte Bilder des Gänsehäufels mit Bergen oder sogar mit dem offenen Meer als Hintergrund produziert. Daher wurde dieses Bad auch „der Lido von Wien" genannt.

Vorsatz: Der alte Strom – die schwarze Lacke bei Floridsdorf, die Alte Donau, das Kaiserwasser und den Donaukanal – mit dem neuen Donaustrom, dem Durchstich.

Bildnachweis: Wir danken dem

BEZIRKSMUSEUM FLORIDSDORF und DONAUSTADT
für die Bilder auf Seite: 3, 8, 9, 10 - 23, 26, 28, 32 - 35, 37 - 57, 96;

dem RESTAURANT NEU-BRASILIEN für die Bilder: Seite 36;

dem PATHOLOGISCH-ANATOMISCHES BUNDESMUSEUM für das Bild: Seite 30;

der GEMEINDE WIEN, MA 44 für die Bilder auf Seite: 98 - 99;

Aus dem PRIVARARCHIV KLETTER: 24, 58 - 94

Die Deutsche Bibliothek – CIP-Einheitsaufnahme
Gerhard Kletter, Leopoldine Lendaric
Das Gänsehäufel / Gerhard Kletter, Leopoldine Lendaric. – Wien :
IberaVerlag, 2007
ISBN 978-3-85052-237-3

© 2007 by Ibera, European University Press Verlags GmbH., Wien
Druck: Druckerei Theiss GmbH., Wolfsberg

ISBN 978-3-85052-237-3
Alle Rechte vorbehalten, auch der auszugsweisen Wiedergabe
in Print- oder elektronischen Medien
www.ibera.at

INHALT

EINLEITUNG

Das „Gänsehäufel" wird 100 Jahre alt. Nichtwiener haben keine Ahnung, wovon gesprochen wird, die Wiener aber verbinden mit diesem Wort Sommer, Badevergnügen, Segel- und Rudersport, Gesundheit, Sandstrände und auch erotische Erinnerungen. Manche sprechen aber auch von einem Bad, in das ja nur „Proleten" gehen, denn um wie viel nobler ist es doch, die heißen Sommertage im Krapfenwaldl-, Schafberg- oder Sieveringer Bad zu verbringen.

In Vergessenheit geraten ist auch der „Gänsehäufel-Prophet" Florian Berndl, der auf seinen Wanderungen die Insel in der Alten Donau entdeckt und 1900 von der Stadt Wien gepachtet hat. Der naturverbundene Berndl begann dort badefreudigen Wienern und Wienerinnen naturbezogene Körperkultur näherzubringen. 1907 übernahm die Stadt Wien das Areal und begründete damit den erfolgreichen Badebetrieb.

Neue Hochwasserschutzbauten haben heute den Wienern kilometerlange Strände an der Neuen Donau gegeben mit Medienspektakeln jeglicher Art. Dennoch hat das nun hundert Jahre alte Gänsehäufel nichts von seiner Anziehung verloren und erfreut sich auch heute großer Beliebtheit. Es muss etwas Besonderes an diesem Bad sein, und so laden wir Sie ein, uns auf eine Reise durch seine Geschichte zu begleiten.

Die Donau 1672. Vorne die Taborbrücke, Kahlenberg, Leopoldsberg, Nussdorf und Klosterneuburg

EINE INSEL MITTEN IN DER DONAU

Wenn man sich alte Bilder von Wien und der Donau ansieht, dann hat man den Eindruck, dass sich dieser Fluss nach der Enge der nahen Alpen unmittelbar nach der Wendung nach Südosten und dem Durchtritt durch die Wiener Pforte zwischen dem heutigen Leopoldsberg und dem Bisamberg plötzlich frei und ungehindert in das Wiener Becken ergießen kann. Es waren vier Arme des Flusses, die hier unmittelbar vor Wien entstanden: der Hauptstrom im Nordosten, das relativ breite Kaiserwasser, ein kleiner Nebenstrom und ein schmaler Arm im Südwesten, der heutige Donaukanal. Zahlreiche größere und kleinere Inseln bestanden zwischen diesen strömenden Gewässern, eine davon war die Vorläuferin der Insel Gänsehaufen. „Werd" hieß eine solche Insel – dieses Wort finden wir auch in vielen Orts- und Straßennamen im 2. und 22. Wiener Gemeindebezirk.

Im Süden Wiens fanden sich diese Donauarme wieder zu einem großen Fluss zusammen. Durch viele Jahrhunderte war dieser Strom eine fast unüberwindliche Grenze und Hürde für die Völker, die hier lebten; vor 2000 Jahren eine Grenze

Die Donau 1842. Im Vordergrund der Nussberg, links die Einmündung der Schwarzen Lacke, rechts die Abzweigung des heutigen Donaukanals. Der Hauptstrom der Donau ist im Bereich der heutigen Alten Donau, wo man auch die Taborbrücken erkennt.

zwischen dem Römischen Reich und den germanischen Völkern. Der heutige Donaukanal nahm in seinem relativ kurzen Lauf kleinere Gewässer auf, die oft schmale Gerinne, zu Hochwasserzeiten aber auch reißende, gefährliche Flüsse waren, die das Wasser aus den letzten Abhängen der Alpen, dem Wienerwald, sammelten: die heutige Wien und den Alsbach. Der Platz zwischen den Mündungen dieser beiden Gewässer wurde von den römischen Strategen als ein idealer Platz für ein Legionslager angesehen: Vindobona entstand hier. Etwas stromabwärts – dort wo sich die manchmal wilden Gewässer nach dem Durchtritt durch die Wiener Pforte schon beruhigt hatten – entstand die Provinzhauptstadt von Noricum, Carnuntum. Danubius hieß der Fluss damals, ein Wort, das offensichtlich keltischen Ursprungs ist. Denn die Kelten waren schon viele hundert Jahre vor den Römern hier angesiedelt.

Durch Hochwässer änderte sich im Laufe von Jahrhunderten immer wieder das Bild der Donau bei Wien. Inseln bildeten sich, einige verschwanden wieder, manche wurden größer, andere wiederum kleiner.

Die Donau und Wien 1853. Links der Hauptstrom mit den vielen Inseln, von denen eine das Gänsehäufel ist, und die Einmündung der Schwarzen Lacke. In der Mitte das Kaiserwasser, rechts der Abgang des späteren Donaukanals.

DIE ENTSTEHUNG DER HEUTIGEN ALTEN DONAU

Es ist nicht leicht, sich heute vorzustellen, wie die Donau im Bereich von Wien und den angrenzenden Bezirken 2, 20, 21 und 22 vor der großen Regulierung von 1870 bis 1875 ausgesehen hat.

Der nördliche Seitenarm war die SCHWARZE LACKE, die sich bei Langenzersdorf vom Hauptstrom trennte und bei der heutigen Floridsdorfer Hauptstraße wieder in die Donau mündete. Nordöstlich des Donaukanals lagen die Leopoldstadt und die Jägerzeile. Häuser bestanden vor der Regulierung von der Inneren Stadt bis etwa zur heutigen Heinestraße zwischen Augarten und Franzensbrückenstraße. Nördlich davon war Augebiet, durchzogen vom relativ großen Donauarm KAISERWASSER und kleineren, immer wieder wechselnden Donauarmen. Der heutige DONAUKANAL zweigte als weiterer Donauarm

Der Blick von der Taborbrücke stromaufwärts, 1834

in Nussdorf ab. Dort bestand ein Teilungswerk, das auch „Schere“ genannt wurde, um mehr Wasser in den Donaukanal zu bekommen, der ja für die Schifffahrt nach Wien sehr wichtig war. Knapp unterhalb des Abgangs des Donaukanals zweigte das KAISERWASSER vom Hauptstrom ab, floss Richtung Tabor, dann zu Reichsbrücke und Wagramer Straße und mündete dort, wo noch heute das KAISERWASSER ist, wieder in den Hauptstrom. Das Uferstück zwischen Kaiserwasser und dem Hauptstrom nannte man im Bereich der Einmündung den „Roller“. Der Hauptstrom war dort, wo noch heute die ALTE DONAU ist.

Alle diese Gebiete innerhalb der Donauarme und auch unmittelbar daneben waren häufigen Überschwemmungen ausgesetzt, die besonders im Frühjahr und im Sommer auftraten. Manche waren besonders schlimm – sie forderten viele Tote, ganze Dörfer wurden zerstört, Inseln wurden abgetragen oder es entstanden neue. Lediglich die Insel im großen Strom, das spätere Gänsehäufel, und die Nachbarinsel erwiesen sich als relativ stabil.

Große urkundlich erwähnte Überschwemmungen gab es 1012, 1118, 1128, 1172, 1193 und 1195. Im Jahre 1210 schuf sich die Donau bei Klosterneuburg

Die Donau bei Wien Ende des 18. Jahrhunderts

neuer Hauptstromübergang
durch „ZWISCHENBRÜCKEN"
Brigitta-Kapelle
Forsthaus
„funktionslos" gewordene Hauptkommunikation
durch die „BRIGITTENAU" [Brückenversetzung] infolge
T.K.
Au Garten
igitta Au
Gr. Chatck
Nusderfer Linie
Waringer Linie

Bau der Stadlauer Brücke

ein neues Bett, ein Teil des Ortes versank in den Fluten. 1295, 1340 und 1341 gab es fürchterliche Flutkatastrophen. Das damalige Dorf Ringelsee, das sich etwa im Bereich der heutigen UNO-City befand, wurde zur Gänze überflutet – nur der Kirchturm ragte noch aus dem Wasser. Das Dorf wurde völlig vernichtet.

Lange schon gab es Ideen und Vorschläge, die Donau zu regulieren, um die Hochwässer zu bannen. Bereits 1811 legte der Hofbauratsdirektor SCHEMERL ein Projekt vor, das zwar genehmigt, aber nie durchgeführt wurde. Weiteren Projekten erging es ebenso, was sicherlich auch durch die damals noch fehlenden technischen Möglichkeiten bedingt war. 1850 wurde wieder eine Regulierungskommission eingesetzt, die wieder nichts weiterbrachte. 1862 gab es neuerlich eine fürchterliche Überschwemmungskatastrophe. Kaiser FRANZ JOSEF und seine Gattin SISI besuchten die Opfer der Katastrophe und nun wurde auch auf Drängen der Stadt Wien eine Kommission einberufen, deren Arbeit letztendlich zur Donauregulierung führen sollte.

Bereits die Kommission von 1850 hatte sich für den so genannten „Durchstich" ausgesprochen, das heißt eine gerade Wasserlinie von Klosterneuburg

Belastungsprobe der neuen Nordwestbahnbrücke, 1872

bis Fischamend anzulegen. Auch Wiens damaliger Bürgermeister Cajetan FELDER gab diesem Projekt den Vorrang, weil die zu schaffenden langen geraden Uferstrecken im Zeitalter der zunehmenden Technisierung und Reisen wirtschaftlich gut zu verwerten waren und die Donau auch näher an Wien heranrückte. Erst durch die in den letzten Jahrzehnten entwickelte Technik der großen Dampfmaschinen war ein solch riesiges Projekt wie ein künstlicher Durchstich für einen so großen Strom überhaupt möglich geworden. Das Projekt des Durchstichs erhielt am 12. September 1869 die Genehmigung des Kaisers.

Natürlich blieb es nicht nur beim geplanten Durchstich, sondern es mussten auch Brücken gebaut werden. Auch um die dann jenseits der Donau liegenden Bezirke näher an den ersten Bezirk anzubinden. Es bot sich natürlich an, diese Brücken noch vor dem Einleiten des Wassers fertigzustellen. Drei Eisenbahnbrücken und eine Straßenbrücke waren geplant: die Stadlauer Brücke für die Staatseisenbahn Gesellschaft, eine Eisenbahnbrücke für die Nordwestbahn Gesellschaft sowie eine Brücke für die Kaiser Ferdinand Nordbahn. Die Reichsbrücke sollte die einzige Straßenbrücke werden, die in der Verlängerung

Bau der Kaiser Ferdinand Nordbahn Brücke, 1871

der Jägerzeile (Praterstraße) und der Schwimmschulallee (Lassallestraße) gebaut werden sollte. Aufgrund massiver Proteste der Anrainer besonders in der Taborstraße, die seit Jahrhunderten eine wichtige Geschäfts- und Durchfahrtsstraße zur Taborbrücke war, plante man eine zweite Brücke im Norden.

Die Stadlauer Brücke der Staatsbahngesellschaft war zum Zeitpunkt des Baubeginns des Durchstichs bereits fertiggestellt. Sie war schon am 24. November 1870 dem Verkehr übergeben worden. Sie war 758,7 Meter lang, 10 Meter breit und ein Fixpunkt bei der Trassierung des neuen Strombetts. Die Brücke hatte fünf Öffnungen im Strom und vier Öffnungen über dem Überschwemmungsgebiet. Sie war im offenen Strom gebaut worden; erstmals in Österreich wurden hier die Pfeiler pneumatisch fundiert. Man ließ eine Schleusenkammer ins Wasser und erzeugte in der Kammer einen Überdruck, der das Wasser nach unten verdrängte. So konnten die Pfeiler unter der Wasserlinie im Trockenen gebaut werden, wobei bis in eine Tiefe von 15 Metern gegraben wurde. Gearbeitet wurde bei Kerzenlicht unter Überdruck. Alle vier Stunden war Schichtwechsel.

Kaiser-Franz-Josef-Brücke, die heutige Floridsdorfer Brücke, vor der Flutung des neuen Bettes (oben) und von innen (unten)

Die eingleisige Nordwestbahnbrücke wurde als nächste gebaut und wurde am 1. Juni 1872 dem Verkehr übergeben. Sie bekam fünf Pfeiler im Strom und 14 Pfeiler über dem Inundationsgebiet. Sie war 885 Meter lang und 9,59 Meter breit.

Die zweigleisige Brücke der Kaiser Ferdinand Nordbahn wurde im Trockenen gebaut. Sie hatte vier Stromöffnungen, sieben Inundationsöffnungen, wurde am 11. Februar 1874 eröffnet und war 773 Meter lang und 9,59 Meter breit.

Die Kaiser-Franz-Josef-Brücke, die heutige Floridsdorfer Brücke, wurde ebenfalls im Trockenen gebaut. Sie hatte vier Stromöffnungen und 12 Inundationsöffnungen. Sie schloss nördlich direkt an die alte Große Taborbrücke über die

Die Floridsdorfer Brücke nach der Einleitung des Wassers in den neuen Strom

nun Alte Donau an. Die Brücke wurde am 18. August 1874 eröffnet. Die Länge betrug 1005,14 Meter, die Breite 12,64 Meter, wobei 7,6 Meter auf die Fahrbahn und je 2 Meter Gehsteig links und rechts auf die Gehwege entfielen.

Auch die heutige Reichsbrücke wurde im Trockenen gebaut, hatte fünf Strompfeiler und 16 Inundationsöffnungen. Die damalige Kronprinz-Rudolf-Brücke wurde am 21. August 1876 eröffnet, war 1020 Meter lang und 14,4 Meter breit.

Nachdem vier Baulose festgelegt worden waren (Kuchelau-Roller, Roller-Stadlauer Brücke, Stadlauer Brücke-Ausmündung Donaukanal und von hier bis Albern), beauftragte man nach dem Studium von zehn Anboten die Firma CASTOR, COUVREX, WATEL und HERSENT, die das zweitniedrigste Anbot gestellt hatte, mit dem Bau. Diese Firma erhielt den Bauauftrag auch vor allem deshalb, weil sie den Suez-Kanal erbaut hatte und dadurch in der Baggerungstechnik die größte Erfahrung hatte. Am Suez-Kanal gingen die Bauarbeiten gerade zu Ende und so konnte zügig mit dem Antransport der Maschinen von dort begonnen werden. Wie groß der Aufwand war, ersieht

Die Reichsbrücke in Bau, 1875. Im Vordergrund die berühmt-berüchtigten Kabskutscher.

man daran, dass neben anderen Bauten zwei Verwaltungsgebäude für Techniker und Ingenieure errichtet werden mussten, sowie eine Maschinenwerkstätte, eine Werkstätte für Lokomotiven und ein Verbindungsgleis zum Nordbahnhof. Im Bereich der Lassallestraße wurde ein Turm, das Observatorium, gebaut, von dem aus man die Baustrecke übersehen konnte. Weiters mussten Wohnbaracken und Lokale für rund 1000 Arbeiter errichtet werden, die – neben den Wienern – aus Italien, Kroatien, der Slowakei und Deutschland kamen, bevor überhaupt mit den eigentlichen Arbeiten begonnen werden konnte. Die Firma kaufte auch zwei Steinbrüche, um die Uferbefestigungen zügig bauen zu können. Vier neue Trockenbagger mit Dampfmaschinen und einer Stärke von je 16 PS wurden eingesetzt, weiters elf Lokomotiven und 14 Transportschiffe.

Am 14. Mai 1870 erfolgte der erste Spatenstich durch den Kaiser. Zunächst grub man händisch in die Tiefe und verlegte erst nach Erreichen einer bestimmten Tiefe Gleise, die Bagger konnten nun die Arbeiten übernehmen. Das Kaiserwasser musste an seiner Einmündung abgeschlossen werden, um dort arbeiten zu können. Zunächst wurde der künstliche Damm durch Hoch-

Das Sperrschiff in Nussdorf, 1873

wasser weggeschwemmt. Doch im Oktober 1871 war diese Arbeit beendet. Am 5. Dezember 1871 mussten die Arbeiten wegen strenger Kälte und Eisbildung eingestellt werden.

Nach dem Eisabgang nahm man am 9. März 1872 die Arbeiten wieder auf. Da durch die Bauarbeiten beim Einfluss des Donaukanals das Durchflussprofil der Donau verkleinert worden war, befürchtete man für den Winter 1872/73 eine Hochwasserkatastrophe, falls die alten Bauten und Dämme dort nicht rechtzeitig entfernt würden. Daher half das Militär mit 100 Pionieren aus, um die Arbeiten zu beschleunigen. Im Februar 1873 führte man auch Sprengungen durch. Doch man hatte Glück: Der Winter war mild und eisfrei – das befürchtete Hochwasser blieb aus.

Beim Einfluss des Donaukanals sollte eine Absperrschleuse in Zukunft verhindern, dass im Winter Eisschollen in den Kanal gelangten, denn diese hatten sich immer wieder aufgestaut und Überschwemmungen hervorgerufen. Bei Hochwasser sollte sie dafür sorgen, dass nicht zu viel Wasser in den Donaukanal gelangt. Zunächst errichtete die Firma CASTOR die Mauern für die Schleuse.

Der Rollerdamm 1875 vor der Öffnung. Das Wasser strömt noch in die Alte Donau.

Dann konstruierte Hofrat Ritter von ENGERTH ein Sperrschiff, das mit einem Ende am linken Ufer befestigt wurde, am rechten Ufer auflag und so das Wasser aufstauen konnte und das sowohl gegen die Strömung als auch mit der Strömung bewegt werden konnte. Durch Entleeren oder Füllen mit Wasser konnte das Schiff auch gehoben oder gesenkt werden.

Am 19. August 1871 übergab man das zweite Baulos der Firma CASTOR und Co., die sofort mit dem Bau begann. Der Donaukanal wurde von der Firma WATEL vertieft und ausgebaggert. Bereits Ende 1874 war der Durchstich vom Roller bis zur Stadlauer Brücke in voller Breite und Tiefe fertig ausgehoben.

Am Beginn des neuen Betts war ein Damm erhalten geblieben – der Rollerdamm, der das Wasser nach wie vor in den alten Bereich der Donau nach links in das Gebiet der heutigen ALTEN DONAU, also zum Hauptstrom, brachte. Etwa in der Mitte des gesamten Durchstichs war ein zweiter Damm quer im neuen Flussbett aufgeschüttet worden – der Schwimmschuldamm. Man wollte nun im oberen Bereich die Uferbauten aus technischen Gründen im stehenden Wasser vollenden. Man plante daher, den Rollerdamm zu öffnen, damit man

18. 4. 1875: Vier Tage nach Öffnung des (Rollers) Durchstichs und der Zuschüttung der Verbindung Neue-Alte-Donau. Im Überschwemmungsgebiet steht noch das Wasser.

nach Einfließen des Stroms in das obere Bett dort stehendes Wasser hatte, in dem man gut Transporte durchführen konnte. Diese erste größere Umleitung des Stromes im oberen Bereich war für das Frühjahr 1875 vorgesehen.

Die Umleitung eines Stroms von der Größe und Fließgeschwindigkeit der Donau war bisher noch nirgendwo vorgenommen worden. Es war daher ein sehr gewagtes Unternehmen. Geplant war, den Rollerdamm zu öffnen und den unteren Damm, den Schwimmschuldamm, zu belassen. Ein Fehlschlag hätte eine katastrophale Hochwassergefahr für Wien bedeutet.

Am 14. April wurde das Unternehmen in Angriff genommen. Als Erstes grub man im Rollerdamm eine schmale Furche, etwa 60cm breit, von unten in Richtung zum fließenden Strom. Zunächst rieselte nur ein dünner Wasserfaden durch die Furche. Doch die Wucht des Wassers verbreiterte innerhalb weniger Minuten den Spalt auf 2 Meter. Der Damm wurde vom wilden Wasser der Donau richtiggehend fortgewaschen, die neu errichteten Uferböschungen unterspült und mitsamt den dort befindlichen Holzschuppen weggerissen. Der Pegelstand im neuen Flussbett stieg innerhalb von drei Stunden auf fast zwei

Schiffmühlen an der Donau

Meter. Der untere Damm, der Rollerdamm, zeigte durch den zunehmenden Druck des Wassers zunehmend Verfallserscheinungen, die neu errichteten Ufer wurden auch hier beschädigt und es bestand nun tatsächlich die Gefahr einer großen Überschwemmung. Aus diesem Grund erteilte man dem leitenden Ingenieur der Auftrag, auch den unteren Damm – zunächst nur in der Mitte – zu öffnen. Um 7 Uhr am Abend erfolgte am unteren Damm ein schmaler Durchstich, der schon drei Stunden später durch die Wucht des Wassers, das den Damm zunehmend zerstörte, bereits eine Breite von fast 60 Metern hatte. Am nächsten Tag in der Früh war der Durchriss am oberen Damm bereits 190 Meter breit. Vier Tage später hatte die Donau – nach den Vorstellungen der Ingenieure viel zu früh – bereits ihr neues Bett in voller Länge und Breite eingenommen.

Mit dem Eintreten der Donau in ihr neues Bett sank der Stromspiegel im alten Flussbett sehr rasch. Die Schifffahrt musste innerhalb weniger Tage eingestellt werden, die Mühlen im Bereich von Kaisermühlen konnten durch den kaum noch feststellbaren Stromfluss immer weniger arbeiten und mussten neue

Wien-Ansicht mit der Verbindung Neue-Alte-Donau

Anlegestellen am neuen Flussbett beziehen. Später kamen sie an das Ufer gegenüber von Nussdorf. 1876 waren dann die Regulierungsarbeiten endgültig abgeschlossen.

Doch im Bereich des alten Flussbetts, der nunmehrigen ALTEN DONAU, stand das Wasser bald völlig still. Es war nun leicht für die Wiener, die vorher kaum erreichbaren Inseln, das Gänsehäufel und die Nachbarinsel, zu betreten. Ein neues Erholungsgebiet, die gesamte Alte Donau, das Gänsehäufel und auch die Lobau waren geboren. Kleine Grundstücke und noch kleinere Häuschen darauf, die Schrebergärten, prägen das Bild bis heute. Der Dichter Theodor KRAMER beschrieb die Siedler im Bereich der Alten Donau, die für ihn weder ländliche noch städtische Bevölkerung waren, folgendermaßen:

> „Bauern sind wir nicht, Stadtleut' sind wir nicht; wenn wir schon
> die rechten Siedler wären, hörten wir im Schwall schon den Keim,
> im Stall Vieh und hockten unpass nicht im Leeren."

Bis heute hocken so viele dort „unpass im Leeren", fühlen sich wohl und verbringen ihre Freizeit an vielen Tagen des Jahres dort. Manche wohnen hier während des ganzen Jahres.

Theodor Kramer beschreibt auch die Abende am Strand der Donau:

Macht ein Reisigfeuer, denn die Mücken
schwärmen zornig aus der schwarzen Au,
leer nun wird der Strand, des Stromes Rücken
rauscht und ist doch seltsam starr und grau.
Warm noch ist der Sand,
aber auf die Hand
fällt, als wär sie Gras, ein Tröpflein Tau.

Süßer duften nun des Faulbaums Pollen,
da des Fenchels bitt'rer Hauch verrann,
die den Zug nun nicht versäumen wollen,
mögen gehen. Stimmt mir dieses Lied nun an:
wichtiger ist der Qualm,
ist zur Stund der Halm,
als was dort uns noch bewerten kann.

Wie die Sterne ihre Milch verschütten!
Alle brachte uns das Gleiche her;
Mädel, von den vielen Badehütten
weiß ich eine bei den Erlen, leer.
Ziehharmonika,
ja die Zeit ist da,
und wie heute kommt sie niemals mehr.

* * *

Ob Johann STRAUSS 1867 den berühmten Donauwalzer an der heutigen Alten Donau, die ja damals der Hauptstrom war, komponiert hat, ist nicht gesichert, da es damals viele Donauarme gab. Am heutigen Hauptstrom hat er damals sicher nicht gesessen – den hat es noch nicht gegeben.

Florian Berndl, der Entdecker der Insel Gänsehäufel als Badeplatz

GESUNDHEIT DURCH FREILUFT- UND FREIKÖRPERKULTUR

Erst 1907 eröffnete die Gemeinde Wien auf der Insel Gänsehäufel ein öffentlich zugängliches Städtisches Bad für alle Wiener. Als Badeplatz war diese Insel im alten Flussbett der Donau aber schon seit dem Ende des 19. Jahrhunderts bekannt. Allerdings nur für wenige Menschen, die sich um die Moral jener Zeit wenig scherten. Denn diese verbot es, den nur halb bekleideten Körper in der Öffentlichkeit zu zeigen. Für Männer war dies nicht schicklich, für Frauen einfach unmöglich. In der körperfeindlichen Gesellschaft um 1900 wurde jedes Stück nackte Haut sorgfältigst versteckt. Braune Haut galt als primitiv und ordinär. Aber bald begann die so genannte „Freikörperkultur". Außenseiter waren die Anfänger dieser Bewegung. Sie versteckten sich in den Donauauen im Bereich der Alten Donau. Denn in Wien waren es zunächst vor allem Arbeitslose, Ausgesteuerte, Ärmste, die kein anderes Zuhause als den Laubwald in der Au hatten. Diese konnten sich auch die Eintrittgebühr fürs Gänsehäufel nicht leisten. Dies war der Beginn der „Besiedlung" der Hirscheninsel und der Lobau. Der Faschismus machte es den Nacktbadern wieder schwer, doch nach dem Zweiten Weltkrieg und den prüden 50er Jahren scherte sich eigentlich niemand mehr darum, ob jemand nackt oder mit Badekostüm ins Wasser ging. Die Gemeinde Wien trug der neuen Zeit Rechnung und auch im öffentlichen Bad Gänsehäufel gab es bald einen – wenn auch abgetrennten – Nacktbadestrand.

Es war allerdings am Ende des 19. Jahrhunderts auch ziemlich schwierig, an den wunderbaren Sandstrand im Osten dieser Insel zu gelangen. Erst 1900 fuhr die Straßenbahn zum Dorf Kagran. Bis zu dieser Zeit musste man auch dorthin zu Fuß gehen. Dann mussten die Besucher etwa 15 Minuten über einen Fußpfad wandern, der durch niedriges Gebüsch unter hohen Bäumen zu einem Ruderboot führte. Gegen einen geringen Obolus konnte man nun über die Alte Donau auf die Insel Gänsehäufel gelangen. Nach diesem langen Anmarsch blieben so manche Besucher nun im romantischen Auwald im Westen der Insel. Viele aber wanderten weiter durch den dschungelartigen Wald und gelangten zum wunderschönen Sandstrand im Osten der Insel. Manche Besucher blieben – wenn es ihnen nur irgendwie möglich war – auch über Nacht. Und dies war ein

Gänsehäufel

einmaliges, damals für die Großstädter kaum gekanntes Vergnügen. Man war mit der Natur vereint. Rehe, Hasen, Hirsche und andere Tiere lebten hier.

Schon um 1885 hatten Mitglieder des Ersten Wiener Amateurschwimmclubs, einige Wiener Gemeinderäte, der Schriftsteller Zeno von SIENGALEWICZ und vor allem der Krankenpfleger Florian BERNDL die Schönheiten der Alten Donau, speziell der Insel Gänsehäufel, und die Vorzüge der Körperkultur und der Freiluftbadekultur entdeckt. Es bildeten sich Vereine und Clubs, die die Lebensreformbewegung pflegten, die Naturheilverfahren, die Körperkultur, die Freiluftbewegung, die Freibade- und Freischwimmkultur. Sie standen bewusst gegen die am Beginn des 19. Jahrhunderts entstandene Lebensart der sittlich repressiven Lebensformen, der Prüderie und der Sexualmoral. Diese Moral war natürlich auch ein Resultat der engen, ungesunden Wohnverhältnisse, der Krankheiten wie Syphilis, Tripper und Tuberkulose, für die es damals keine Therapie und Heilung gab.

Auch die Lebenssituation der Arbeiter, des einfachen Bürgertums und der Handwerker in der zweiten Hälfte des 19. Jahrhunderts war verzweifelt. Der

Verdienst der mindestens elf Stunden dauernden Arbeitstage reichte kaum aus, um das Lebensnotwendigste zu kaufen. In den Kleinbetrieben und bei Handwerkern wurde zwischen 16 und 18 Stunden täglich gearbeitet. Bäckergehilfen hatten eine 105-Stunden-Woche. Am schwersten aber arbeiteten die Ziegelarbeiter, sie verdienten am wenigsten und lebten unter schlechtesten Verhältnissen. Victor ADLER schrieb darüber: „Dieses Verbrechen an den Arbeitern wird begangen vor den Thoren Wiens unter den Augen der Behörde.“ Ferdinand von SAAR schrieb über die Ziegelarbeiter:

Weit gedehnte, öde Strecken
Schmutziggelbe Wassertümpel
Einsam ragt der Schlot des Ofens
Über manche Bretterschuppen.

Fahle Menschen, wie geknetet
Aus dem fahlen Lehm des Bodens,
Drin sie wühlen, treiben lautlos
Jahr für Jahr hier ödes Handwerk.

Füllen und entleeren Truhen,
Wischen, treten, streichen, schlichten
So des Backsteins ewig gleiche
Form verdrossen wiederholend.

Träge zieh'n vorbei die Stunden,
Aufgelöst in Staub und Hitze.
Oder rings in Kot zerfließend,
Scheint die Welt auch hier zu Ende.

Kutscher und Kondukteure der Pferdetramway hatten Arbeitszeiten von 16 bis 21 Stunden täglich. Pferde mussten nur vier Stunden arbeiten! Sie waren ungleich wertvoller als Menschen. Denn Arbeitskräfte gab es genug. Am Beginn des 19. Jahrhunderts hatte Wien etwa 400.000 Einwohner. Durch die Erweiterung der Stadt suchten viele Menschen aus den Kronländern ihr Glück in der Weltstadt Wien. Hunderttausende von jüdischen Bürgern flohen vor Pogromen der russischen Nachbarn und vor der bittersten Armut im Osten Europas in die für sie damals sichere und Zukunft verheißende Stadt. Auch Sigmund FREUDS Eltern und viele andere später weltberühmte jüdische Bürger kamen von dort.

Das Skelett einer jungen Frau aus dem 19. Jahrhundert, die durch die Krankheit Rachitis schwerstens verkrüppelt war. Diese Krankheit wird durch schlechte soziale Verhältnisse, Nahrungs-, Vitamin- und Sonnenmangel hervorgerufen (aus dem pathologisch-anatomischen Bundesmuseum Wien, Vorstand, Frau Dr. PATZAK).

Die Bevölkerungszahl in Wien explodierte förmlich. Bis zum Anfang des 20. Jahrhunderts hatte sich die Zahl der Einwohner auf 2 Millionen mehr als verfünffacht. Man wohnte auf engstem Raum; Betten wurden von mehreren Menschen mehrfach am Tag gemietet und belegt. Das soziale Elend war ungeheuer. Das durchschnittliche Lebensalter eines Fabrikarbeiters betrug damals 33 Jahre.

Und plötzlich gab es da eine neue Möglichkeit des Lebens unmittelbar vor den Toren der Stadt. Man konnte in die unberührte Natur ziehen, manche konnten dort sogar leben. Im Sommer warf man die Kleider und das bisherige Leben ab. Die unterdrückten, geschundenen Menschen flüchteten aus diesen engen sozialen, moralischen und schrecklichen persönlichen Verhältnissen in eine Welt, die ihnen eine gewisse Freiheit gab. Da diese Menschen aus den untersten, den unterprivilegierten, ärmsten Schichten kamen, unterstützte die langsam wachsende sozialistische Bewegung diese Menschen. Konservative Kreise und die Kirche bekämpften die neuen – auch moralischen – Großzügigkeiten.

Diese neue Bewegung der Freiheit und Freikörperkultur an der Alten Donau, die vor allem ein Ausdruck dieser neuen Lebensweise war, erhielt einen starken Impuls durch einen Anhänger der Lehren von Vincenz PRIESSNITZ, Florian BERNDL, der die Schulmedizin als Krankenpfleger erlernt hatte und der vielleicht als einer der Ersten erkannte, was damals auch langsam in der Schulmedizin als Therapie eingesetzt wurde: Viele schwere Erkrankungen waren durch Sonne, durch natürliche Umgebung zu heilen oder traten erst gar nicht auf (wie etwa Tuberkulose und Rachitis). Riesige teure Sanatorien entstanden damals in den teuersten Kurorten in der Schweiz, in Österreich, Böhmen und anderen Ländern. Diese konnten sich nur vermögende Menschen leisten. Doch so manche erkannten damals, dass die Gesundheit hier an der Alten Donau unmittelbar vor den Toren der mit Tuberkulose so massiv verseuchten Stadt Wien lag. („Hauptstadt der Tuberkulose" wurde Wien damals genannt). Und diese „Therapie" war preisgünstigst, sie kostete fast nichts und brachte auch noch persönliche Freiheit.

BERNDL war ein Anhänger der PRIESSNITZ'SCHEN Lehre, die Umschläge mit kaltem Wasser gegen viele Krankheiten propagierte. Sicher auch aus pekuniären Gründen pachtete er einen Teil der Insel GÄNSEHÄUFEL im Jahr 1899 von der Niederösterreichischen Donauregulierungs Kommission, welche die staatliche Übersicht über weite Teile der Alten Donau hatte. Hier verabreichte er nun gegen geringes Entgelt Schlammbadekuren, Wasser, Licht- und Luftkuren.

Florian Berndl am Bisamberg mit Gesinnungsgenossen. Unten: mit seiner Tochter

Natürlich waren für den regen Zulauf der Bevölkerung auch erotische Gründe maßgebend. Denn die Insel war wie bereits beschrieben nur schwer erreichbar. Nur mit Boot oder schwimmend konnte man das Gänsehäufel erreichen. Dadurch war dieses Areal auch nicht kontrollier- oder einsehbar. Viele Sonnenanbeter kamen hierher, da sie sich hier nicht in Badekostüme hüllen mussten, die vom Hals bis zu den Zehen reichten. Sie konnten splitternackt baden – ein unglaublicher Affront gegen die offiziell so prüde Moral der damaligen Zeit.

Ein Wiener „der guten Gesellschaft“ schrieb an Grazer Verwandte über den Lasterpfuhl an der Donau und den Betreiber

BERNDL: „Ein alter Sünder mit einem Apostelbart ist der Anführer dieser Gesellschaft, die von seinen falschen Lehren verführt, den unsinnigsten und aberwitzigsten Vorstellungen anhängt. Auch wälzen sie sich im heißen Sand – weiter drinnen im Dickicht sollen sie das sogar ganz nackt betreiben, erzählte mir einer von den ständigen Gänsehäufelbesuchern. Doch glaube ich, dass er mich damit nur aufziehen wollte. So weit kann sich doch kein ehrbarer Christenmensch vergessen."

Doch die so genannte gute Gesellschaft war gar nicht so gut. Und so befand sich BERNDL im Einklang mit der modernen Zeit, in der vor allem Künstler und Außenseiter die Verlogenheit und das Ausnützen der armen Menschen, vor allem der armen Wiener Mädel durch Angehörige der „guten Gesellschaft" anprangerten. Die Künstler setzten sich in erster Linie für die Befreiung aus moralischen Zwängen ein. Sie kämpften für Wahrheit, Aufklärung, Aufdeckung verborgener Wahrheiten und Enthüllung des menschlichen Körpers. Man stellte sich bewusst nackt dar und praktizierte Promiskuität. Der „Reigen" von Schnitzler wurde 1900 wegen Pornographie verboten. Sigmund FREUD brachte 1905 die „Drei Abhandlungen der Sexualtheorie" heraus.

Die Florian-Berndl-Alm am Bisamberg, 1930

MUSIL, SACHER-MASOCH und Richard STRAUSS konnten nur unter größten Schwierigkeiten ihre Werke veröffentlichen. Karl KRAUS und Peter ALTENBERG kämpften ebenfalls gegen die Prüderie. Der Roman Josefine MUTZENBACHER von Felix SALTEN entlarvte die Verlogenheit und Ausbeutung der einfachen Menschen durch die Herren der Oberschicht. Und Florian BERNDL machte eine freiere Moral und eine gute Beziehung zur Natur nun auch armen Menschen zugänglich. Arme und arme Kranke konnten nun die Kuren an der Alten Donau nützen und hatten sogar noch einen Krankenpfleger zur Seite, der ihnen auch noch zusätzlich durch sein Wissen helfen konnte.

Doch die auf Moral bedachte katholische Kirche und die Moralapostel siegten letztendlich. BERNDL wurde der Pachtvertrag gekündigt – wegen betriebener Unkeuschheit und weil in seinem Pachtvertrag festgelegt war, dass er hier eine Edelweidenkultur einzurichten hatte. Bald musste er auch das gegenüber gelegene Bad NEU-BRASILIEN verlassen. Er zog sich auf den Bisamberg zurück, wo er weiterhin seine Anhänger betreute, Freikörperkultur betrieb und wo er bis zu seinem Tod lebte.

Der österreichische Naturheilkundler Florian Berndl um 1930
(*10. Mai 1856 in Großhaselbach; † 20. November 1934 in Wien)

Das Gasthaus Neu-Brasilien in der gleichnamigen Siedlung, nachdem Berndl die Alte Donau endgültig verlassen musste.

DIE STADT WIEN ÜBERNIMMT DIE INSEL

1907 übernahm die Gemeinde Wien die Insel. Sie wollte neben dem Badebetrieb auch den Geruch der Unzüchtigkeit los werden, der durch BERNDL und seine Freunde der Insel Gänsehäufel anhaftete. Man schuf getrennte Eingänge für Männer, Frauen und Familien und richtete Umkleidemöglichkeiten für zunächst 4000 Personen ein:

für die 1. Klasse: Zelte und Kabinen,
für die 2. Klasse: Kästchen mit Möglichkeiten zum Umziehen.

Das Bad wurde mit Elektrizität und adäquater Beleuchtung ausgestattet. Hochquellenwasser wurde eingeleitet und eine Sanitätsstelle mit ständiger ärztlicher Betreuung eingerichtet. Da die meisten Menschen damals nicht schwimmen konnten, waren Badeunfälle sehr gefürchtet.
Es wurde auch eine elektrische Fähre von der Straßenbahnhaltestelle Linnégasse (heute Moissigasse) eingerichtet.

Eröffnung des Wiener Städtischen Strandbades Gänsehäufel, 1907

Anfang August 1907 wurde das Bad eröffnet. Zu den Familienbädern hatte man nur zu zweit oder mit Kindern Zutritt. Männer und Frauen, die allein kamen, mussten die entsprechende Abteilung aufsuchen. Auf Zucht und Ordnung wurde viel Wert gelegt. Es gab anfangs auch Vorschriften, wie die Badebekleidung – vor allem für weibliche Badebesucher – auszusehen hatte. Doch die ungewohnte freizügige Nacktheit, der Einfluss der Sonne, die ungewohnte Untätigkeit und die optischen Reize regten an – nicht nur die Gesundheit, sondern auch die Lust auf das andere Geschlecht.

Der Neurologe und 1. Sekundararzt der Abteilung für Elektrotherapie am Allgemeinen Krankenhaus in Wien, Dr. WILHELM, schrieb am Beginn des 20. Jahrhunderts „für die Besucher des Wiener Strandbads Gänsehäufel“ zwar über die gesundheitsfördernde Wirkung von Sonne und Natur – aber offensichtlich war er auch ein Kenner der anderen Gepflogenheiten im Gänsehäufel:

„Was ist es gegenüber früher, wenn an einem sonnenwarmen Sonntag die Elektrische Tausende wellenbedürftige Wiener und Wienerinnen nach dem malerisch gelegenen Strandbett der alten Donau bringt: welche Lustigkeit geht schon dem

Eingang ins Strandbad Gänsehäufel. Das Herren- und Frauenbad – hier im Jahre 1910 – ist bis zur Wiedereröffnung nach dem Zweiten Weltkrieg im Jahre 1950 getrennt.

Bade voraus, wenn ein regelrechter Ansturm am Praterstern auf die Gänselhäufelelektrische losgeht, und jedes Plätzchen mutvoll, selbst mit Zuhilfenahme der Ellbogen, erobert und mit der schärfsten Spitze der berühmten Wiener Zunge verteidigt werden muss. Und erst welche Gefühle, wenn einem nach langer Fahrt bei Ankunft die blaue Fahne entgegenwinkt, dessen ungeachtet das Publikum den Badekassen nur so zuströmt, ein Gedränge, in dem man sich nach Behauptung diverser erfahrener Sommerstrohwitwer zwischen einigen Wasserjungfern eingeengt doch noch recht wohlfühlen soll. Es lehrt die Erfahrung, dass so manche Sprödigkeit einer Schönen schwinden soll, wenn man ihr die Karte besorgt, und es ist aus solch einer Gefälligkeit sogar die

Fröhliche Kinder genießen den Ausflug – für Ordung sorgen die Badeaufseher (die Cerberusse) in der Anfangszeit des Bades (unten).

Unterkunft ins Familienbad herauszuschlagen. Es kommt mir wie die Insel der Seligen vor – ein Familienbad! Überraschungen, Zufälligkeiten und noch viele andere Genüsse sind doch nur Kapazitäten des Wiener Gänsehäufels. So ist es heute wieder nur einzig allein die Wienerin, die auch dem Gänsehäufel zur Zierde wurde und durch Reiz und Anmut das Interesse und die Begehrlichkeit nach diesem Bade weit hinaustrug in alle Länder.

Heutzutage kann der Chef eines Geschäftes ‚zufällig' sein Kontorfräulein am Gänsehäufel treffen oder das jungverheiratete Frauchen statt bei der Kur im Familienbad in Baden mit einem Oberleutnant gesehen werden. Der Hotelier von vis-à-vis soll heute nahe daran sein, Millionär zu werden.

Alte Postkarte: Hauptüberfuhr mit Blick zur Insel

Das Gänsehäufel besitzt den ungerechtfertigten Nachteil, dass es für Unbeweibte riesig schwierig ist, ins Familienbad hineinzukommen, da man an der Badekasse nur Herren in Damenbegleitung Eintrittskarten verabfolgt. Wie viele hätten das Glück und mithin den berechtigten Anspruch, mit der Frau Gemahlin ins Familienbad zu gehen. Man schreitet sorglos an den zwei Cerberussen vorbei. Aber das reizt nicht. Es wird erst dann amüsant und interessant, wenn man das ‚Täubchen' samt Kindern zur Erholung aufs Land schickt, den Ehering ins Gilettascherl gleiten lässt und ehrbare Anschlüsse in der 24er Elektrischen sucht.

Dass hier die Ansprechgelegenheiten nicht so selten sind, ist ja selbstverständlich, und ein Mannsbild wird einem hübschen Frauenzimmer doch immer was zu sagen haben. So ist es möglich, dass man bis zur Endstation Kaisermühlen bereits festen Fuß gefasst hat und in ein badeverwandtschaftliches Verhältnis getreten ist. Ist man auf der Elektrischen aber einem alten Weibe gegenübergesessen, so ist man zum sofortigen Umkehren aufgelegt, das weiß ich, aber man soll dies nie tun. Denn es schwebt ein eigener Schutzgeist über den Badekassen und der Umgebung. Denn fast regelmäßig bemerkt man dort alleinstehende Damen, die sicher auch gern ins Familienbad wollen, und durch die poetische Eheformel

Die Hauptüberfuhr zum Strandbad Gänsehäufel vom Strand in Kaisermühlen mit dem Gasthaus BAUER, dessen Besitzer durch Zimmervermietung an liebestolle Besucher reich geworden sein soll.

Die Bademode am Beginn des 20. Jahrhunderts

‚Fräulein, darf ich's höflich wagen,
Ihnen's Familienbade anzutragen?'

ist man sehr rasch gänsehäufelstatutenmäßig vor der Kasse getraut, welche Scheinehe man sich aber meist nur in den ersten Monatstagen leisten kann."

Diese Trennung gibt es heute nicht mehr, doch sonst scheinen sich die Verhältnisse auch im 21. Jahrhundert im Gänsehäufel kaum geändert zu haben. Heute kann die alleinstehend Dame oder der alleinstehende Herr ohne Begleitung ins Bad gehen, wo es nun keine Unterschiede gibt. Und hier liegen und sitzen sie nun alle. Ehrbare Mädchen, Studenten, Vertreter aller Berufsschichten, käufliche Mädeln und auch käufliche Herren soll es dort in größerer Menge geben für erfahrene Damen und Herren.

Im Familienbad

Alte Postkarte mit dem Motto: Am Gänsehäufel – Hier bist du Mensch, hier darfst du's sein, doch mit Familie, nie allein.

Die Wasserrutsche im Familienbad

Ruhigerer und noblerer Teil des Familienbades.

Wien.
Strandbad Gänsehäufel.

Gott! wie tragisch!
Städt. Strandbad Gänsehäufel in Wien.

1908 gab es 107 Badetage mit insgesamt 136.209 Besuchern. Bald wurde eine Brücke zum neuen Bad errichtet, welche die Überfuhr ersetzte.

In den Jahren des Ersten Weltkriegs gingen die Besucherzahlen etwas zurück. Doch ab 1918 wurde das Gänsehäufel sukzessive zum größten Sommer- und Strandbad Europas ausgebaut.

1927 wurde die noch heute bestehende Brücke von Kaisermühlen mit einem Portal und Brückenhäuschen errichtet. Die Überfuhr hatte sich nun erübrigt.

Vor allem für Kinder hatte man dieses neue Bad geschaffen, und Kinder sahen die Situation dort auch etwas anders. So schrieb Prof. STEINER über seine Eindrücke als Kind in den 20er Jahren des 20. Jahrhunderts:

„Wir wohnten damals in der Alserbachstraße. Die Straßenbahnlinie Nummer 5 fuhr vor dem Haus bis zum Praterstern und an Sonntagen sogar bis zur Reichsbrücke. Dort musste man in den 24er umsteigen und erreichte die Endstation vor der Brücke zum Gänsehäufel. Dort gab es in meiner Kindheit noch mehrere Holzbuden, wo Obst, Erfrischungen, Gurken und Eis angeboten wurden. An besonders heißen Tagen während der Schulferien waren die

Familienbad – Eingangsbereich

WIEN
Strandbad Gänsehäufel.

Herrenbad

Städt. Strandbad Gänsehäufel in Wien
Knabenbad

Sandstrand, Turnplatz und Duschen im Herrenbad

Das Strandcafé im Herrenbad

Ausflugsziel Gänsehäufel, Mädchengruppe in der Tages-Erholungsstätte

Straßenbahnen schrecklich überfüllt und auf den Trittbrettern hingen Leute wie Trauben. Doch den Luxus einer Straßenbahnfahrt leisteten sich viele Leute nur bei extremen Wetterbedingungen. Besonders größere Familien wollten sich den Fahrpreis ersparen. Arbeitslosigkeit und Not waren weit verbreitet. So wie wir gingen die meisten Besucher des Gänsehäufels damals zu Fuß. An schönen Tagen herrschte ein schier unfassbares Gedränge zehntausender Menschen über die Reichsbrücke. Besonders arg war es an den Abgängen zum Überschwemmungsgebiet. Viele ließen sich hier nieder. Das alte Gänsehäufel war damals weitgehend naturbelassen und es gab für uns Kinder manche romantische Anziehungspunkte. Die kleine Halbinsel, wo die Uraniapuppenspiele abgehalten wurden, hatte damals fast Urwaldcharakter. Dort spielten wir Indianer, hatten gut getarnte Verstecke für ‚Waffen' und diverse ‚Schätze'. Ungefähr an der Stelle, wo sich jetzt die beliebten Warmwasserbecken befinden, standen noch aus den ersten Tagen des Gänsehäufels verfallene Holzwäschekästchen. Nicht einmal an den Tagen, an denen die blaue Fahne gehisst wurde und das Gänsehäufel total ausverkauft war, wurden diese Kästchen noch verwendet. Die Anlage eignete sich vorzüglich zum Fußballspiel und man wurde von niemandem gestört."

Bombenschäden im Zweiten Weltkrieg

Im Gegensatz zur beschwerlichen Anreise früherer Zeiten setzt sich der Besucher des Gänsehäufels heute in die U1, fährt bis zur Station Kaisermühlen und ist dann sehr rasch mit einem Bus beim Bad. An schönen Tagen fährt ein Bus bis vor die Kassen des Wiener Lidos.

Doch für das neue Lebensgefühl aufgrund der enormen politischen und sozialen Umwälzungen nach dem Ersten Weltkrieg war dieses Bad bis zum Zweiten Weltkrieg ein ungeheuer wichtiger Faktor. Von 1918 bis 1945 besuchten sechs Millionen Menschen das Gänsehäufel, obwohl die Insel noch nicht voll genützt wurde. In dieser so genannten Zwischenkriegszeit vollbrachte die nun sozialistische Stadtverwaltung trotz größten Geldmangels wahre Wunder im sozialen Bereich, wobei sich der Stadtrat und Anatom Prof. Tandler sehr für die verarmte und auch hungernde Bevölkerung einsetzte. Besondere Verdienste hat er sich aber vor allem für die Bekämpfung der Tuberkulose erworben. Man richtete im Gänsehäufel Tageserholungsstätten für Wiener Kinder ein. Auch in der Stadt baute man Kinderfreibäder, die teilweise noch heute existieren, da man sich des gesundheitlichen Wertes von frischer Luft, Wasser und Sonne bewusst geworden war.

Im Zweiten Weltkrieg wurde das Gänsehäufel immer wieder das Ziel von Bombenangriffen. Zunächst dachte man, dass es Fehltreffer waren, doch später erfuhr man, dass dieses Bad gezielt bombardiert wurde. Denn man betrachtete die Anlage mit ihren ausgedehnten Kabinenanlagen als Kaserne und sie war daher in den Augen der Alliierten ein militärisches Objekt. 1944 und 1945 wurde die gesamte Bausubstanz durch etwa 130 Bombentreffer mit den entsprechenden tiefen Bombentrichtern total zerstört. Nur die Brücke blieb erhalten.

Daher baute man zwischen 1948 und 1950 das so genannte „Neue Gänsehäufel" nach den Plänen der Architekten FELLERER und WÖRLE – trotz der Tatsache, dass im zerstörten Wien der Wiederaufbau der Wohnhäuser vordringlich war. Doch die Verantwortlichen der Gemeinde Wien wussten aus der Vergangenheit, wie wichtig öffentliche Bäder für die Gesundheit und das Wohlbefinden der Stadtbevölkerung sind. Das erste Wellenbecken Europas wurde gebaut, sowie 3574 Kabinen und 10.368 Kästchen. Daneben wurden auch andere öffentliche Bäder in Wien errichtet oder neu gestaltet.

Wichtig war nun für den Wiederaufbau, dass die ganze Insel für das Bad genützt wurde. Allerdings unter Belassung der alten Bäume, zwischen denen große Wiesenlichtungen eingestreut wurden. Viele noch vor ein paar Jahrzehnten bestehende Kriterien, wie das getrennte Baden von Männern und Frauen, musste man nun nicht mehr berücksichtigen. Durch die für alle gültige soziale Badekultur konnte nun die gesamte Insel in ein großes Familienbad umgewandelt werden.

1978 wurden zwei Edelstahlbecken und ein Kinderbecken fertiggestellt und als eine der ersten öffentlichen Anlagen wurde eine Solarheizung für das Warmwasser in den Kabinenanlagen eingerichtet; 1993 wurde diese auch in den Kästchenblöcken fertiggestellt. Heute gibt es auch Wärmepumpen zur Herstellung von Warmwasser.

1981 wurde am Südstrand ein Bereich für Freikörperkultur eingerichtet. Die neue Zeit hatte nichts mehr gegen gewisse Freizügigkeiten. Diese Neuerung wurde sofort sehr gut angenommen und ist bis heute ein starker Anziehungspunkt für treue Gänsehäufelbesucher.

Endlose Strände bieten Raum für Erholung.

1997 wurde ein Wasserspielgarten gebaut und ein Jahr später ein eigener Mutter-Kind-Bereich mit einem Babybecken.

Die Gänsehäufelbrücke wurde im Jahr 2000 erneuert. Die denkmalgeschützten Brückenhäuschen blieben unverändert.

Heute besuchen durchschnittlich 600.000 Gäste das Gänsehäufel in der Badesaison, 2003 waren es sogar 750.000.

Diese können sich an insgesamt 1000 Meter langen Stränden in der Alten Donau vergnügen, sowie an fünf Beckenanlagen, an einem Wellenbecken, einem Schwimmerbecken, einem Familienbecken, einem Spielbecken und einem Babybecken.

Am Beginn des 21. Jahrhunderts besteht nun eine Gesamtfläche von 330.000 m², wovon 35.000 FKK-Gelände sind. Hier gibt es auch eine Sauna. 3.500 Bäume spenden im Sommer den nötigen Schatten. Es gibt heute über 5.000 Kästchen und 3.604 Kabinen, von denen mehr als 2.000 Saisonkabinen, die so genannten Kabanen, sind. In mehr als 600 Boxen kann man Strandliegen aufbewahren.

Das Wellenbecken

Es gibt 26 Trinkbrunnen, 124 Waschbecken, 158 Brausen im inneren Bereich sowie 93 Freiduschen. Weiters bestehen 170 WCs sowie drei Behinderten-Sanitäranlagen. Auch wurde ein Beckenlift für Behinderte installiert.

Für Sport und Spiel gibt es einen Fußballplatz, drei Beach-Volleyplätze, zwei Spielplätze mit Kunststoffbelag, vier Tennisplätze, Minigolf, zwei Badmintonplätze, Tischtennis und andere Turn- und Spielgeräte. Für Kinder gibt es zahlreiche Spielplätze mit einer Luftburg, Sprungtrampoline und sogar ein Kasperltheater.

Buffets, Cafés, eine Trafik und eine Drogerie vervollständigen dieses Bad, in dem man den ganzen Sommer verbringen kann.

55 Menschen arbeiten in der Badesaison im Gänsehäufel, während der restlichen Zeit des Jahres kommt das Bad mit acht Angestellten aus.

2001 bis 2004 wurde das Bad um 8,3 Millionen Euro vollständig saniert.

Das Ufer Kaisermühlen

DAS GÄNSEHÄUFEL IM 21. JAHRHUNDERT

Durch den letzten Hochwasserschutzbau am Ende des 20. Jahrhunderts ist im Wiener Raum die so genannte Neue Donau entstanden mit kilometerlangen frei zugänglichen Badestränden. Erstaunlicherweise haben diese neuen Bademöglichkeiten die Besucherzahlen im Gänsehäufel kaum verringert. Die „blaue Fahne“ wurde zwar in den letzten Jahren als Zeichen, dass das Bad voll belegt ist, nicht mehr gehisst. Doch an heißen Tagen sind die Parkplätze ausgebucht und die Busse, die von der U-Bahn kommen, voll belegt. Die Kabinen, welche für die ganze Saison gemietet werden können, die so genannten Kabanen, sind wie seit Jahrzehnten nicht leicht zu bekommen. Seit es diese Saisonkabinen gibt, werden sie oft innerhalb der Familie weitergegeben. Die Attraktivität der Insel Gänsehäufel ist trotz zahlreicher Veränderungen unvermindert. An Spitzentagen besuchen täglich 25.000 Wiener dieses Bad – durchschnittlich 600.000 sind es jedes Jahr. Nur in den 60er Jahren wurden Besucherzahlen von 30.000 pro Tag erreicht. Und doch ist – vor allem durch positive und auch negative Veränderungen im Umfeld – vieles anders geworden. Auch sind neue, früher nicht gekannte Probleme aufgetreten, auf die wir in diesem Kapitel eingehen werden.

Doch ob der Besucher mit seinem privaten Fahrzeug oder mit öffentlichen Verkehrsmitteln kommt – die in den letzten Jahren renovierte Brücke von Kaisermühlen zur Insel ist wie früher zu übersetzen. Durch eine TV-Serie ist Kaisermühlen sehr bekannt geworden und so wollen wir kurz hier dieses Viertel von Wien betrachten, das jeder Besucher des Gänsehäufels durchfahren muss.

Bauten der Gemeinde Wien sind es, die hier dominieren, und sie lassen erkennen, wie sich das Leben der Wiener Bürger in den letzten 100 Jahren verändert hat. Heute haben Arbeiter und Angestellte angenehme, zeitgemäße Wohnungen – hier unmittelbar am Wasser, was zusätzlich die Wohnqualität erhöht. Dass früher in den entsprechenden Wohnungen für nicht wohlhabende Menschen die Toiletten am Gang waren und es keine Waschgelegenheiten, geschweige denn Bäder in der Mehrheit der Wiener Wohnungen gab, ist den heutigen Bewohnern nur noch aus den Erzählungen älterer Menschen bekannt.

Die Zufahrt zur Gänsehäufelbrücke in Kaisermühlen – Blick auf das Ufer Kaisermühlen

Die Einfahrt – Gänsehäufelbrücke mit dem denkmalgeschützten Brückenhäuschen

Blick nach Südosten zur kleineren Gänsehäufelinsel

Bild unten: Blick zur Kagraner Brücke mit dem Weststrand im Hintergrund

Auffahrt auf die Insel. Rechts der Parkplatz, links der Eingang

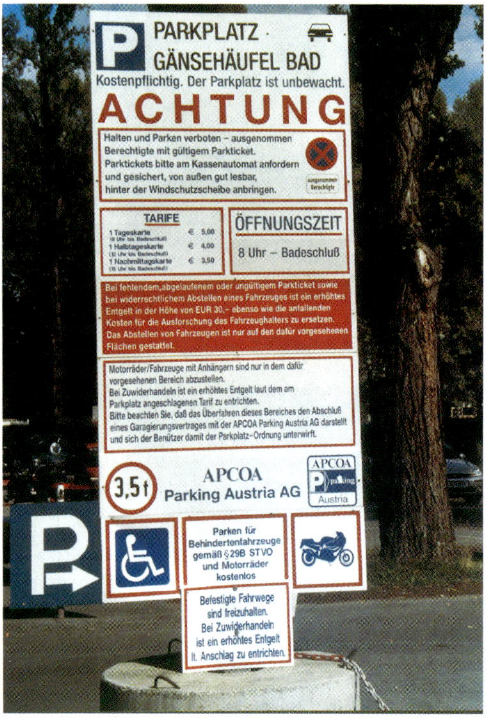

An diese großen sozialen Errungenschaften sollten wir kurz denken, wenn wir an schönen Tagen zum Gänsehäufel gehen. Doch wer geht heute schon noch zu Fuß zu diesem Bad? Fast alle Familien in Wien leisten sich private Autos und an schönen Tagen sind die Zufahrtsstraßen überlastet und Lärm und Abgase verpesten die schönen Wohngebiete. Der Verkehr staut sich vor dem Parkplatz am Gänsehäufel und oft müssen die Besucher längere Zeit auch in Kaisermühlen nach einem Parkplatz suchen. Und wir müssen einem offensichtlich zunehmenden Problem, der Umweltverschmutzung – manchmal auch schon

Die Kassen

Umweltzerstörung –, unser Augenmerk schenken (vor 100 Jahren gab es dieses Problem noch nicht). Daher förderte die Gemeinde Wien auch die Anbindung an das öffentliche Verkehrsnetz, damit der Wiener nicht mit seinem Auto hierher kommen muss. Auch setzte man im Gänsehäufel zahlreiche umweltfreundliche Maßnahmen. Abgesehen von der entsprechenden Abfallentsorgung sind derzeit elf Wärmepumpen für die Warmwasserbrausen im Einsatz mit elektrischen Zusatzheizungen, wenn viel Energie benötigt wird.

Und natürlich wird das Wasser der Alten Donau ständig von Experten untersucht, die sofort Gegenmaßnahmen treffen, wenn sich eine Verschmutzung zeigen sollte.

* * *

Bald ist der Besucher bei den Kassen angelangt. Da es für die Gemeinde Wien sehr wichtig ist, dass ihre Bäder für alle Menschen leicht zugänglich sind, sind die Eintrittspreise in den öffentlichen Bädern, speziell aber hier im Gänsehäufel, besonders niedrig. Es gibt Jahreskarten, Saisonkarten, Tageskarten und auch Wiesenkarten, die ab 12 Uhr Mittag am billigsten sind.

Nach den Kassen links der Weg zum West-, geradeaus zum Oststrand und zu den Kabinen und Kästchen. Bild unten: Strandkabinen für Dauermieter.

Die Turmkabinen und im Bild unten: Vorbaukabinen für Dauermieter

Moderne Kabinen und Kästchen

Hat man die Kassen passiert, teilen sich die Wege an einem kleinen Platz: einer führt zum Oststrand und zu den Kabinen, einer zum FKK-Strand und einer zum Weststrand, wo sich die Kabanen befinden. Für häufige Besucher wäre natürlich die Dauermiete der Kabanen, die vor allem am Weststrand zu finden sind, die günstigste Lösung. Doch wie bereits erwähnt – diese etwa drei Quadratmeter großen Kabinen, die teilweise auch einen überdeckten Vorplatz haben, sind schwer zu bekommen. Die Wartezeit dafür beträgt derzeit mindestens vier Jahre. Es ist eine verschworene Gemeinschaft, die

Kabinen und Kästchen

sich hier täglich trifft, sich gegenseitig hilft, gemeinsam isst und trinkt und den Sommer verbringt. Meist reserviert man sich auch bestimmte Plätze auf der großen Wiese am Weststrand und verteidigt diese gegen andere, nach Plätzen suchende Gäste. „Wiesengeher" werden diese despektierlich genannt. Allerdings soll es auch vorkommen, dass manche Dauermieter über längere Zeit nicht miteinander sprechen. Abgesehen natürlich von den Wienern mit amourösen Beziehungen, die hier auch unter den älteren Gästen gar nicht so selten sein sollen, weil ja Luft, Sonne und Freizeit diese so stark fördern.

Wenn wir aber von den Kassen nicht zum Weststrand wollen, wo die Kabanenbesitzer zu Hause sind, dann sollten wir zunächst zu den Kabinen gehen, die in ihrer heutigen Form von Architekten unmittelbar nach dem Zweiten Weltkrieg erbaut wurden. Kurz nach 1945 war die Insel noch ödes Land, 130 Bombentrichter hatten die meisten Bauten zerstört. Es waren in den ersten Jahren nach dem Krieg keine Badegäste, die hier vorbeikamen. Altmetallsammler suchten nach Metallresten, ältere Frauen suchten Brennholz für den nächsten Winter. Erst 1950 wurde das Bad wieder eröffnet. Die Kabinen wurden in zwei Stockwerken untergebracht. Sie sind durch viele Treppen leicht

Die Saisonkabinen, die so genannten Kabanen, sind äußerst beliebt, weil hier die Wiener billig den Sommer im großzügigen Gelände des Gänsehäufels genießen können.

zugänglich und als Neuerung wurde auf guten Sonnenschutz im unteren Bereich durch Vorbauten geachtet. Die sanitären Anlagen wurden auf den neuesten Stand gebracht und werden immer wieder an moderne Vorgaben adaptiert. Heute gibt es auch spezielle Kabinen für Behinderte, die 3,3 m^2 groß sind – also doppelt so groß wie die sonstigen Kabinen.

Für die Sonnenanbeter sind die weitflächigen Wiesen ideal – am besten in der Nähe des Ost- oder Weststrandes. Und in diesem Bereich ist in den letzten Jahrzehnten wieder eine massive Änderung festzustellen. Wie bereits berichtet, war es am Beginn des 20. Jahrhunderts eine echte Befreiung für die Wiener Bevölkerung, nach der Dunkelheit ihrer höhlenartigen Wohnungen endlich die Sonne genießen zu können. Und es hatte sich auch dank Berndl ein Bewusstsein dafür gebildet, dass die Sonne bei manchen Krankheiten so gut tut. Wie immer übertrieben die Menschen es aber, sie fanden nicht das richtige Maß. In der Mitte des 20. Jahrhunderts lagen die Sonnenanbeter täglich viele Stunden im „Sonnenbad". Je dunkler das Braun des Körpers, desto besser. Doch bald schon erkannte man die negativen Seiten von allzu intensiver Sonnen-

Die alten Bäume wurden großteils belassen, zwischen den Baumgruppen gibt es weite Lichtungen und Wiesen (Uhrturm im Hintergrund).

bestrahlung. Hautkrebserkrankungen nahmen zahlenmäßig stark zu. Außerdem ist auch die Sonneneinstrahlung – besonders in manchen Weltgegenden – durch die schwindende Ozonschicht gefährlich für die Gesundheit geworden. Wir wissen heute, dass nur wenig Sonne für die Gesundheit das Allerbeste ist. Und auch in dieser Hinsicht ist das Gänsehäufel ideal. Wunderbare hohe, alte Bäume, die relativ locker angeordnet sind, werfen ihren Schatten auf die weiten Liegewiesen. Pappeln, Weiden und Eschen sind hier die häufigsten Bäume. Obstbäume gibt es keine. Alle diese Bäume haben Nummern und an Hand dieser können die Gärtner die Lebensgeschichte jedes einzelnen Baumes finden. So kann sehr genau festgestellt werden, warum ein Baum etwa erkrankt ist, ob die Krankheit nur ihn betrifft oder auch andere Bäume. Und um das Bild so zu erhalten, wie es schon seit hundert Jahren besteht, werden die Bäume eins zu eins nachgesetzt. Nicht mehr und nicht weniger werden gepflanzt. Und so wechseln sich hier im Gänsehäufel sonnenbeschienene mit schattigen Wiesen ab – es ist genügend Raum, um seinen eigenen am besten geeigneten Liegeplatz zu finden: entweder nahe dem Lärm und Trubel oder abseits von den Massen der anderen Besucher.

Oststrand – im Bild unten: Blick nach Kaisermühlen vom Weststrand

Der Ost-Strand mit Blick nach Süden; unten: am Weststrand

Sportliche Besucher können hier laufen, Tennis, Fußball und Badminton spielen und natürlich schwimmen.

Ein Paradies für Eltern und Kinder

Blick nach Kaisermühlen – lockerer Baumbestand, Wiesen und Lichtungen wechseln einander ab.

Ein „moderner Berndl"

Zipfer
SEIT 1858
www.weststrand.at.tf
Nudelsuppe 2.50
Leberkäse m. Rahmgemüse, Kartoffeln 5,-
Putenfilet auf Tomaten-Knoblauch-Spaghetti 7.40
Wiener Schnitzel m. Salat 6.80
STURM
Überbackene Fleischpalatschinke 6.50
Thunfischsalat 6.50
Gebratener Schafkäse im Speckmantel auf Salat 6.50
Marillenknödel 3.90

Auch für das leibliche Wohl ist gesorgt.

Bei einem so reichhaltigen Angebot fällt die Wahl schwer.

Der Weststrand vom Wasser aus gesehen – Unten: Die Kabanen

Der Oststrand

Der FKK-Strand vom Wasser aus gesehen

Im Winter: Das trügerische Eis hat schon manchem den Tod gebracht.

Viele Besucher halten sich lieber am Oststrand auf – die Stadt ist hier nicht zu sehen und man hat eher den Eindruck, irgendwo „auf dem Land“ zu sein. Und auch hier passen die „Badewascheln“ auf. Sie versuchen auch jene Eindringlinge abzuhalten, die vom gegenüberliegenden Strand auf die Insel Gänsehäufel schwimmen, um hier, ohne Eintritt zu bezahlen, die Annehmlichkeiten des Bades zu genießen. Doch dies ist kaum zu verhindern, denn die Aufseher, die wie schon vor 100 Jahren in den Zillen sitzen, müssen vor allem auf Schwimmer achten, die in Not sind. Und da sie nicht überall hinschauen können, ist es nicht zu verhindern, dass immer wieder ungeübte Schwimmer oder solche, die sich zu viel zumuten, plötzlich untergehen und – wenn sie niemandem abgehen, der nach ihnen suchen lässt – erst nach geraumer Zeit als „Wasserleichen“ in der Alten Donau auftauchen. Leider ertrinken jedes Jahr einige Menschen in der Alten Donau. Auch im Winter, da das Eis oft noch zu dünn ist, um darauf zu Fuß ans andere Ufer zu gelangen. Übrigens versuchen bei tragfähigem Eis immer wieder Diebe ins Bad zu kommen, das ja im Winter übers Eis leicht erreichbar ist. Allerdings wacht in dieser Zeit ein scharfer Hund über das Gänsehäufel, der schon so manchen ungebetenen Gast vertrieben hat.

A WASSERLEICH’

A Wasserleich’ is so schiach
Dass i mir s net amal anschauen kann
Weil der aufg’schwollene Bauch is grauslich
Und a die Fisch wann s’ beim Mund eine und außeschwimman
Vor allem aber greif is net an a Wasserleich
Weil es is so schiach wann die Haut abageht
Wannst es außezah’n willst aus’m Wasser
Wann i so a Leich sehen würdat
Da drahat i mi glei um
Und i ziagats net auße aus der alden Donau
Weil es is eh scho allas wurscht
Wannst dem Menschen nimma helfen kannst
Er is eh scho z’lang im Wasser
B’sunders wann er im Sommer no die Schlittschuach anhat

Zahlreiche Segelboote nützen den immerwährenden Wind.

So mancher hat schon nach einem ausgiebigen Essen, bei dem er sich auch noch einige Promille Alkohol geholt hat, Schwierigkeiten beim Schwimmen bekommen. Jeder Schwimmer weiß, dass Schwimmen mit vollem Magen gefährlich sein kann, doch die Hitze des Sommers, der männliche Drang, sich vor einer neuen oder älteren Flamme zu profilieren, lässt manchmal Gefahren vergessen. Ein Sprung aus der Hitze des Tages in das kühle Wasser kann sogar bei jüngeren Menschen zu einem „Herzkasperl" führen. Das sind aber nicht die einzigen Probleme, die nach einem Besuch der so verlockenden Buffets und Imbissstuben drohen. Auch hier hat sich das Leben in den letzten 100 Jahren entscheidend gewandelt.

Wenn wir uns Kochbücher des 19. Jahrhunderts ansehen, dann wird immer wieder betont, dass die Nahrung genügend Kalorien haben muss und dass zu wenige Kalorien schlecht sind.

Die Masse der Bevölkerung war ja so arm, dass sie einfach nicht genügend zu essen hatte. Wenn man Glück hat, dann sagt man auch heute noch: „Schwein gehabt". Das stammt aus jener Zeit, in der es eben ein Glück war, einen fetten Schweinsbraten zu essen. Und auf alten Bildern – auch auf den Bildern hier

… vor uns liegt wieder Kaisermühlen.

vom Männerbad – sind die Männer, die es im Leben zu etwas gebracht hatten, fast immer mit einem ansehnlichen Bauch zu sehen. Heute wird der Gesundheitszustand mit dem Bauchumfang ermittelt. Ein zu großer Umfang bedeutet, dass die Lebenserwartung eindeutig herabgesetzt ist.

Ideal wäre es, wenn heute der Besucher des Gänsehäufels die Sportangebote ausnützt, sich mehr im Schatten als in der Sonne vom Stress des Berufs erholt und an den Buffets vor allem Gemüse und Salat isst und möglichst keinen Alkohol trinkt, sondern das gesunde Wiener Hochquellenwasser oder Mineralwasser. Doch allein schon das Angebot an den Buffets lässt erkennen, dass der durchschnittliche – vor allem männliche – Besucher auch hier im Bad kaum an seine Gesundheit denkt. Man kommt nicht mehr zu Fuß – der Bus bringt uns unmittelbar bis vor die Kassen. Gleich wird Bier oder Wein getrunken. Danach geht's ins Wasser, um bald danach in der Sonne zu braten.

Die schlechten Blutwerte und durch die Statur eventuell auftretenden Probleme bei den weiblichen Mitbesuchern werden mit modernen Mitteln, wie etwa

Das Biotop

Viagra, bekämpft, um im Notfall doch seinen Mann stellen zu können. Dies ist manchmal gefährlich, wie wir aufgrund so mancher plötzlicher Todesfälle prominenter Wiener wissen. Und so ist es erstaunlich, dass im 21. Jahrhundert die durchschnittliche Lebenserwartung fast dreimal so hoch ist wie vor hundert Jahren.

Doch ein Umdenken hat bereits begonnen. Die gesünderen Alternativen werden langsam angenommen. Und dies wird dem Besucher im Gänsehäufel ziemlich leicht gemacht.

Es empfiehlt sich eine Fahrt mit einem Boot um die Insel, um ein vollständiges Bild von dem Bad auf der alten Insel zu erhalten. Man fährt zunächst entlang des Weststrands unter der Brücke hindurch zur Insel, dann in Richtung Osten mit Blick auf den Kahlenberg und die Kagraner Brücke; dann entlang des Oststrandes mit Blick nach Süden. Nach einer scharfen Wendung nach Westen sollte man nicht zu nah am Ufer, den Nacktbadestrand entlang, langsam wieder zur Brücke kommen. Nach dem FKK-Strand präsentiert sich das Ufer mit seinem dichten Baumbestand wilder und unwegsamer. Es ist das so genannte

Biotop, das man auch zu Fuß erreichen kann. Hier hat man auf einem relativ großen Areal die Vegetation der Insel so belassen, wie sie zu Zeiten Berndls ausgesehen hat. Die Vegetation entwickelt sich hier und geht wieder zugrunde – ohne Zutun des Menschen. Und so haben sich auch so manche wilde Tiere hierher zurückgezogen, die hier von den Menschen kaum gestört werden. Etwa die Reiher, die der Wanderer auf den wenigen Wegen manchmal erblicken kann. Nur wenn er stehen bleibt und in die Natur hineinhorcht und dadurch beginnt, sie kennenzulernen und vielleicht auch zu verstehen, dann sieht er plötzlich Dinge, die ihn zur Einsicht und zur Besinnung bringen können. Kinder und ihre Eltern können hier noch ein Stück Natur genießen und kennen lernen – was für Stadtkinder immer ein besonderes Erlebnis ist.

Wenn wir nun den Bericht über dieses einzigartige Bad in Wien beenden, so sollten wir an dieser Stelle würdigen, welche Weitsicht die Verantwortlichen am Beginn des 20. Jahrhunderts bewiesen, als sie diesen Hort der Gesundheit und der Natur den Bürger Wiens zur Verfügung gestellt haben. Dieser Ort diente den Menschen der damaligen Zeit, die aufgrund der Armut, der harten Lebensbedingungen und der ungesunden Wohnverhältnisse vor 100 Jahren ein schweres Leben hatten, als äußerst willkommene Erholungsstätte.

Damals flüchteten viele unterprivilegierte Wiener in das neue Wiener Bad. um ihren dunklen, engen und deprimierenden Wohnungen zu entkommen. Vier Jahrzehnte war die Alte Donau ein Zufluchtsort für viele Menschen während und zwischen den beiden Weltkriegen.

Enorm viel hat sich seitdem geändert. Heute sind es andere Ursachen, die die Menschen dieses Bad in Scharen aufsuchen lassen: die neuen ungesunden Lebensverhältnisse unserer modernen Zeit.

Die Verantwortlichen der Gemeinde Wien sorgen durch die Erhaltung und Pflege dieses einmaligen Naturbades für die körperliche und seelische Gesundheit vor allem der nicht so wohlhabenden Bürger.

* * *

Auch in der lokalen Wiener Szene spricht man immer wieder vom Gänsehäufel. In den frühen 60er Jahren schrieben Helmut Qualtinger, Carl Merz und Gerhard Bronner den Dialog „Travnicek im Urlaub“:

Szene auf einem Schiff im Mittelmeer:

Freund: Hätten Sie sich halt nach dem Norden vermitteln lassen. Ins Land der Mitternachtssonne, Travnicek!

Travnicek: Wollen S' mi pflanzen? Was brauch i um Mitternacht a Sunn ...?

Freund: Na und die Fjorde?

Travnicek: *(verächtlich)* Fjorde! Nirgends kann ma baden ... Sowas wie das Gänsehäufel haben die dort net ... Und die Lappen? G'scherte im Pelz ...! Wann mi des Reisebüro net vermittelt hätt ...

* * *

Das Wirtschaftswunder brachte es dann mit sich, dass der Wiener Publikumsliebling Heinz CONRADS in den 70er Jahren sagen konnte: „Die Wiener brauchen nicht mehr ins Gänsehäufel zu gehen, sie können sich ja jetzt den Urlaub in Italien leisten."

* * *

Doch seit 1981 singen viele Wiener lieber mit Rainhard FENDRICH seine „STRADA DEL SOLE" (so auch die Autoren):

... I STEH AUFS GÄNSEHÄUFL,

AUF ITALIEN PFEIF I !

DAS GÄNSEHÄUFEL

ANFAHRT zum Strandbad Gänsehäufel: Tangente A 23, oder über die Reichsbrücke, Wagramer Straße
Ausgangspunkt: Wagramer Straße/An der unteren Alten Donau

Der "Bäderbus Gänsehäufel" ist ein kostenloser Zubringerbus von der U1 Station KAISERMÜHLEN zum Strandbad Gänsehäufel. Dieser Shuttlebus wird jährlich in den Sommermonaten im Auftrag der MA 44 (Städtische Bäderverwaltung) betrieben.

Das Bad ist zwar auch mit den Linien 90A, 91A und 92A, die in relativ dichten Intervallen unterwegs sind, gut erreichbar, allerdings müssen von der Station "Schüttauplatz" noch ein paar hundert Meter Fußweg (auch über die Brücke über die Alte Donau) bis zum Eingang des Bades und den Kassen zurückgelegt werden.

Historische Entwicklung

1855 Erstmals Bezeichnung der heutigen Insel als „kleiner Gänsehaufen" im Bestandsplan der Donau mit „Regulirungs-Vorschlag" von Franz Ritter von HAUSLAB

bis 1875 Dampfschiffstation im Bereich der Zufahrtbrücke; nach der Abtrennung vom Hauptstrom (Donau-Durchstich 1870-75) aufgelassen

1900 Florian BERNDL pachtet einen Teil des Areals von der Donauregulierungskommission zur Einrichtung einer Edelweidenkultur; tatsächlich Bade- und Ausflugsgebiet

1907 Übernahme des Areals durch die Gemeinde Wien; Aufnahme des Badebetriebes am 5. August; Umkleidemöglichkeiten für 4000 Personen;
I. Klasse: Zelte, Kabinen;
II. Klasse: Kästchen
Hochquellenwasser und elektrische Beleuchtung; ständige ärztliche Hilfe; obligatorische Badebekleidung; Zugang mit elektrischer Fähre von der Straßenbahn-Haltestelle Linnégasse (heute Moissigasse)

1908 136.209 Besucher in 107 Badetagen

nach 1918 Laufende Erweiterungen zum größten Sommer- und Strandbad Binneneuropas

1926/27 Errichtung der Gänsehäufelbrücke mit Portalbau und Brückenhäuschen

1944/45 Zerstörung der gesamten Bausubstanz durch rund 130 Bombentreffer

1948-50 Errichtung des „Neuen Gänsehäufels" nach den Plänen der Architekten FELLERER und WÖRLE.
Erstes Wellenbecken Europas;
3.574 Kabinen; 10.368 Kästchen

1978 Inbetriebnahme der beiden Edelstahlbecken und des Kinderbeckens; Solaranlagen zur Warmwasseraufbereitung in den Kabinenblöcken

1981 Einrichtung eines FKK-Bereiches

1991/92 Wellenbecken-Sanierung

1992/93 Solaranlagen zur Warmwasseraufbereitung in den Kästchenblöcken

1992-96 Generalsanierung der Sanitäranlagen

1993-96 Erneuerung der Nutz- und Trinkwasserleitungen

1995 Bau der Wasserrutsche

1994-96 Erneuerung der Kanalisation; Auflassung aller Senk- und Absetzgruben

1997-98 Errichtung eines Wasserspielgartens

1998 Mutter-Kind-Bereich mit Babybecken

1999-2000 Erneuerung der Gänsehäufelbrücke und des Portals in zeitgemäßer Ergänzung zu den denkmalgeschützten Brückenhäuschen

2004 Generalsanierung

2007 100 Jahre Gänsehäufel

Das Ende der Alten Donau im Süden – Abgrenzung zur neuen Donau

DIE AUTOREN

GERHARD KLETTER

wurde 1942 in Wien geboren. Studium der Medizin.
1969 Promotion und Beginn der beruflichen Laufbahn an der Pathologie bei Prof. Holzner. 1978 Habilitation, 1985 Professor für Neurochirurgie. Medizinische Forschungstätigkeit. Autor von zahlreichen wissenschaftlichen Publikationen sowie populären Sachbüchern wie z.B.:

The Extra-Intracranial Bypass Operation for Prevention and Treatment of Stroke, G. Kletter, Springer-Verlag KG, ISBN: 978-3211815229
Leben nach dem Schlaganfall. Ein Ratgeber für Kranke, ihre Familien und Betreuer von Barbara Huemer-Drobil, Gerhard Kletter, und Lisa Langbein, Kiepenheuer & Witsch GmbH (1987), ISBN: 978-3462018578
Teure Medizin, Gerhard Kletter (2001), ISBN: 978-3901025952
Der Friedhof St. Marx, Gerhard Kletter, Sutton Verlag; ISBN-13: 978-3897028050
Beislführer durch Wien. Leopoldstadt - Landstraße, Gerhard Kletter und N. Gansinger (1998), ISBN: 978-3901025723
Beislführer durch Wien. Innere Stadt, Gerhard Kletter (1998), ISBN: 978-3901025761
Der Cobenzl; Grätz'ln, Viertel und Dörfer in Wien, Gerhard Kletter, Olaf Auer
Der Esterhazy-Keller in Wien (Edition Tempus), Gerhard Kletter, Sutton Verlag 2005, ISBN: 978-3897028418
Aspang-Bahn und Aspang-Bahnhof (Aufsätze und Skizzen aus der anthroposophischen Arbeit), Gerhard Kletter (2006), Sutton Verlag;ISBN: 978-3897029286

LEOPOLDINE LENDARIĆ

aufgewachsen in Niederösterreich, übersiedelt mit den Eltern 1967 nach Wien. Spezialistin für Wiener Dialekt und Autorin vieler Gedichte in Wiener Mundart.

FLORIDSDORF
Donaufeld
Brigittenau
Nord West Bhf.
Nord-Bhf.
Zwischenbrücken
Leopoldstadt
Alsergrund
Franz Jos. Bhf.
XIX.
XX.
IX.
XVIII.
Währing
Stadt Bad.
Rudolfsspital
Rudolf Kaserne
Innere Stadt